SOLO SON
EROS

Por

Saúl Sánchez Toro

Villamaría, Caldas, Colombia
Febrero de 2022

RESUMEN

Esta es una obra de sentires, enmarcada en vivencias de percepción física, mental, espiritual.

Es el renacer de los sentidos, de los cinco sentidos al dejar que el Alma se desboque y viaje presurosa por los avatares del Tiempo.

Se resumen aquí las vivencias, sueños y anhelos del autor cuando se deja impresionar por cosas sensibles de la vida.

La obra trae evocaciones del pasado y se sumerge en las profundidades del deseo que navega erguido por el mar de las pasiones.

Son sensaciones humanas, terrenales propias de todo mortal que habita este planeta.

Quiero

Quiero entrar a tu cerebro,
devorar tus pensamientos,
conquistar tus emociones,
degustar tus sentimientos.
Quiero llegar a tu boca
y comerme tus palabras,
saber que ellas me alimentan,
que ya de nada me hablan.

Quiero viajar por tus venas
y recorrerte por dentro,
palpar tu efluvio vital,
el que llega hasta tu pecho.
Sentir que tus dos volcanes
se encuentran siempre al acecho,
esperando que unas manos
calmen su candente fuego.

Quiero navegar tus curvas
en un barco de deseos,
y explorar lo más profundo
del follaje de tu cuerpo.

Sombras

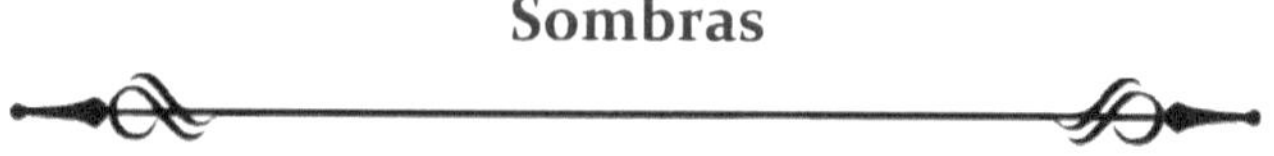

"...enlazadas penumbras ,silencian evocaciones y festejos.."
Ana Lucia Montoya Rendón

Sombras ebrias de sueños danzan en la oscuridad
se tropiezan, tambalean, se abrazan, se besan,
gozan placenteras sin temor ni inhibición;
se estrujan, se embelesan, se acarician,
se olvidan del ayer.

Viven de encanto y sueños que recrean de verdad.
Son efluvios de dos cuerpos que danzan con gran pasión
y convertidos en llamas se esparcen, se contorsionan
iluminan el ambiente y proyectan su fulgor.

El vértigo las aprisiona, la jarra se resquebraja
el licor las acaricia... y las disuelve... la luz.

Debilidad

Mis manos recorrían temblorosas tu cuerpo,
que desnudo posaba rendido a mis pies.

Tocaba tus piernas, caderas y vientre,
Tus turgentes senos, brazos, cabello, cara.
Acariciaba boca, cuello, espalda, todo tu ser.

Mi sangre borboteaba y mi cuerpo vibraba
de emoción, ansias locas, temor a que esto
solo fuera ilusión, un fugaz espejismo
de arrebato material.

Cuando te paraste, vi que todo era cierto,
fue tan solo un relámpago de debilidad,
en donde tus temores, tus celos y rencores,
impusieron su odio sobre la realidad.

Y te marchaste firme, sin haber sucumbido
al deseo que adentro te impulsaba hacia mí.
Y te quedaste triste como yo he quedado
con un cuerpo vibrante de pasión y ansiedad.

Entrega

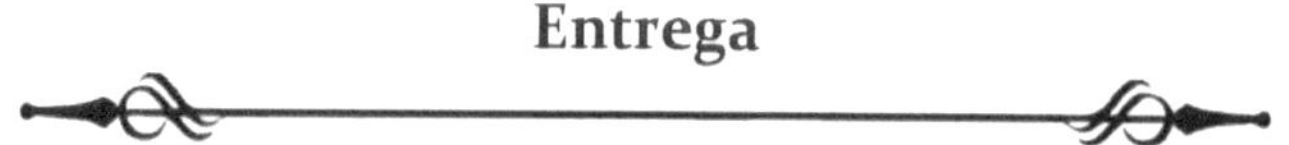

*"...crepitan las manos
cuando recuerdan las tuyas..."*
Liliana Varela

No fue solo el rechinar de dientes
ni el dulce crepitar de suaves manos,
fue el momento estelar cuando pecamos
y arrobados vencimos las pasiones.

Nos entregamos devotos a unos cuerpos
que reclamaban ansias por los poros
y en su grito vehemente, los dejamos
perderse en ese mundo de ilusiones.

Ardiente llama que con calor consumes
el vibrante accionar de un pensamiento,
que en el fervor de un cálido momento
se entrega delirante a la lujuria

Duda

Somos sensibles cuando el alma exuda
lacerantes momentos de in cordura,
instantes tristes de odio y amargura
do galantea impávida la duda.

Es el instante cuando el cuerpo escuda
sensibles amantares de ternura,
reflejo fiel de noches de locura,
donde la piel de la pasión se anuda.

Cuando del odio nos apuntalamos
y sentimos en él nuestro cobijo,
perdemos la estatura de la mente

volviendo letal, frío, inclemente,
un amor, que, causando regocijo,
de su sabor apenas degustamos.

Enfermo de amor

Quiero enfermar de amor
para que puedas darme
buenas dosis de afecto,
gotas de gran cariño;
abrazarme a tu pecho
como si fuera un niño
y beber de tus senos
el jarabe nutricio
que cure mis heridas.

Quisiera me inyectaras
pócimas de alegría,
tu ansiada fantasía,
y tus sueños de amor.
Quiero tus cataplasmas
de besos y suspiros
dándome tu calor,
llenándome de bríos.
Finalizando el día
solo quiero infusiones
brebajes de pasión,
murmullos y susurros,
el frenesí que tienes
dentro del corazón.

Quisiera darte

Una noche de amor quisiera darte,
y estar contigo al lado de una hoguera,
beber buen vino y en sesión tanguera,
al son del bandoneón poder amarte.

Sentir tu piel sedosa entre mis brazos,
recorrer tus caminos y tu vera,
y con caricias, arrullarte entera,
en férvida pasión llena de abrazos.

En tu sudor, bañarme de ambrosía,
y en tus labios beber néctar sagrado,
en tus ojos, sentirme obnubilado

y en tus manos creerme melodía,
disfrutar en tus besos la alegría
de sentir que estaré siempre a tu lado.

Reposando

Aquí estoy reposando entre tus brazos,
sintiendo el palpitar que hay en tu pecho,
gozando del calor que hay en tu lecho
y disfrutando de todos tus abrazos.

Me solazo también de tus caricias,
y en el sabor sabroso de tus besos
y en el hurgar de mis dedos traviesos
que disfrutan de todas tus delicias.

Hoy me alegra tu dulce compañía
y la serena paz que te acompaña
la que espero perdure noche y día,

haciéndonos alegre la mañana,
y volviéndose el faro que vigía
no ingrese más el dolor por la ventana.

Susurros (alejandrino)

Tus susurros sensuales / que escuchan mis oídos,
y que tan lujuriosos / se meten por mis venas,
son como en la Odisea, / cantares de sirenas,
que dentro de mi cuerpo / perturban mis sentidos.

Tus frases amorosas / arrullan sentimientos,
y como martinetes / repican en mi mente,
y este bardo vencido, / te pide a ti clemente,
que acabes con mis penas, / termines mis tormentos.

Y tu sencillamente, / ardiendo en lo profundo,
te das apasionada, /sincera y amorosa,
colmando en mi las ansias, / delirio furibundo,

despertando en mi pecho / cadenciosos latidos,
llegando hasta mi esencia / con magia prodigiosa,
convirtiendo murmullos, / en rítmicos gemidos.

Te busqué

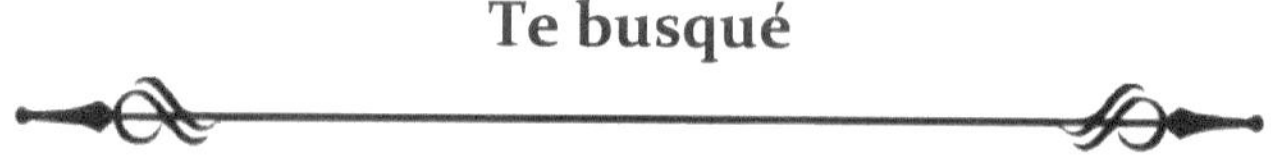

Busqué en el viento los dulces murmullos de tu voz,
busqué en los álbumes una imagen de tu cara,
busqué en las flores suaves aromas de tu cuerpo,
busqué en la almohada vestigios de tu cabello.

Busqué en las sábanas la esencia de tu sudor,
busqué en el piso las tenues huellas de tus plantas,
busqué en el cielo la evocación de tus suspiros,
busqué en el fuego el ardiente calor de tu pasión.

Busqué en mi cuerpo el grato lugar de tus caricias,
busqué en mi alma el estigma tallado de tu amor,
busqué en mis labios dulces sabores pasionales,
busqué en mi mente la perturbación de mi razón.

Busqué, busqué, busqué y al final, no encontré nada,
todo estaba enterrado en el tiempo y el pasado,
no quedaban recuerdos, tampoco nostalgias,
sólo la sensación talvez de haberte amado.

Desnuda sobre mi lomo

Hoy cabalgué contigo en raudo viaje
por una senda de amor y de pasión,
te llevé desnuda encima de mi lomo
y recorrimos terrenos escondidos.
Yo, tu azabache anduve por caminos
de goce y de placer desesperado.
tu cuerpo firme adherido al mío
disfrutaba cada salto de mi trote.

Fueron leguas de inmenso desvarío,
Donde tú te regabas por mi grupa,
tus muslos firmes apretaban mis ijares
y tus manos temblando se aferraban a mi crin.
En cada salto de mi suave galopar
se enterraba tu cuerpo en mi morrillo
tu gritabas, chillabas e implorabas
que no parara mi trote sin aviso.

Recorrimos veredas y caminos
que en la distancia abrazados se veían
y como amantes temblaban con el viento.
Al fin, fue una comunión descomunal
que nos unió a los dos como un centauro,
mientras también el campo derramaba
su delicado y fragante aroma de violetas.

18

Llegamos al lago de las Sílfides
y tu me hiciste entrar hasta sus aguas.
Y allí reencarné de nuevo en hombre,
volví a ser el Mago y el poeta.

Fundidos en un beso solitario
nos hundimos en calmadas aguas
y así, tranquilos, gozosos, satisfechos
nos confundimos...nos hundimos
despertando en la cruda realidad...

Fragilidad

No me invadas tristeza
con tu dulce caricia
ni me des sensaciones
que conturben mi aliento.

Tu presencia me absorbe,
me atormenta la mente,
me arrebata la fuerza
y me expone inclemente,

mostrándome lo débil
y frágil que es mi alma
ante sutil sonrisa,
y ante leve caricia.

Puntos suspensivos...

Buscando cabalgar *interjecciones*,
me subí hasta tus *puntos suspensivos*,
a dominar con *tildes* y *adjetivos*
el brioso palpitar de *dos uniones*.

Susurrando a tus *interrogaciones*,
sentí la rigidez de tus *dos puntos*,
los mismos que gozamos siempre juntos
entre sus *barras, diéresis* y *guiones*.

Abrazando de amor tus *virgulillas*,
en tu *asterisco* me sentí en Sodoma,
y allí vencido, cansado, caí en *coma*,

estuve en tus *corchetes* abstraído,
en tu *raya* quedé desvanecido,
satisfecho, sin *crema* y de rodillas.

Que importa

"...Siento que ayer morí, para el mundo profano..."
Jesús Albo Lara (México)

¿Qué importa si el ayer fue majestuoso,
si vivimos momentos de ilusión?
¿si todo nos causó satisfacción
o tuvimos pasado muy gracioso?.

¿Qué importa si amamos mil mujeres
y todas sus favores nos lo dieron?
Fueron momentos que satisficieron
un instante fugaz y de placeres.
Eso, olvidémoslo ya sin resquemores,
dejemos el pasado en nuestra historia
no es el momento de recordar la gloria
que quedaron de todos los amores.

Vivamos ya el hoy, nuestro presente
disfrutemos con gusto la pareja,
no importa que ésta esté ya vieja,
ella nos hará grato el ambiente.
No vivamos pensando en el pasado,
miremos desde ahora hacia el futuro,
el ayer quizás fue cruel, muy duro
el mañana deberá ser lo planeado.

Espejismo

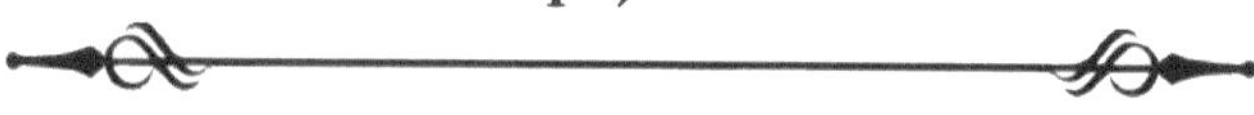

Tu voz llegó a mi oído
como esas melodías
en la que me ofrecías
tus besos, tu alarido.

Sentí que despertaba
de un sueño aletargado
y al advertirte al lado
mi cuerpo tremolaba.
Te vi cómo me dabas
tu torso, tus caricias,
y sentí las delicias
de cuando tú me amabas.

Pero hoy al despedirnos
sentí que estabas lejos,
que solo eran reflejos
que nunca más vivimos.
Fue solo un espejismo
que me trajo tu voz
pues ese amor feroz
se perdió en un abismo.

Amanecer

Que bello amanecer me diste amiga
después de esa inagotable noche de lujuria.

Tus dulces besos, tus caricias tiernas,
el suave susurrar de tus palabras,
y el murmullo sutil de tus gemidos.

Fue un amanecer de desvaríos
de enjuague de sudor y emanaciones,
de gritos de placer y de emociones
de roces corporales y quejidos

Amanecimos ebrios de palabras bellas,
de promesa de vernos y de versos sutiles.

Ojala que el destino nos vuelva a reencontrar
y nos de como ofrenda
un nuevo amanecer.

La salida

La salida... es solo un suspiro,
un grito que atosiga y oprime la garganta.
Un cantar en noche oscura
y un despertar de la esperanza.

Es un reptar en desierto caluroso
y llegar al Oasis más profundo.

Navegar por el domo milenario
y encontrar en Orión nuestra simiente.

Es cabalgar desnudo en una estrella
y con su brillo tocar los sueños de la amada.

Es de la Nada moldear el Todo
y con él recorrer a Alfa y Omega.

Es transformar la Cobardía en besos
y con ellos recobrar la fortaleza.

Es no borrar la noche en la mañana
y con luceros irradiar el día.

Gemidos

Gemidos licantrópicos se escuchan
haciendo palpitar los corazones,
confundidos en medio de razones,
en tropeles que en conciencia luchan.

Son a la vez suspiros que aguijonan
a unos pechos colmados de ilusiones,
tornando sus aullidos en pasiones
que en cuerpo y alma a todo se abandonan.

Sumergidos en íntima penumbra
y tras la senda que la luna alumbra,
van buscando la huella de un momento,

instante solitario en el pasado,
guiño fugaz que nunca se ha olvidado
y que hoy en la memoria es un tormento.

Playa Escambrón

Recuerdo con nostalgia aquella noche hermosa
de lunas y de estrellas junto a la mar serena,
dos cuerpos enterrados suavemente en la arena
gozaban con pasión una unión amorosa.

Fue una noche sensual y bastante emotiva
donde nos demostramos con besos y caricias,
el placer que sentíamos al gozar las delicias
que nos daba la vida en nuestra unión furtiva.

Hoy después de los años sólo cabe evocar
y mirar con nostalgia esa playa desierta,
donde quedó enterrado en la arena y el mar

un amor pasajero que se fue en la cubierta
de un velero fantasma que espera en altamar
encontrarse algún día con mi pobre alma yerta.

Rescatando recuerdos

Perdido cielo escrito en versos de oro
que hacen parar del corazón latidos,
mostrando majestuosos los sonidos
de palabras que con ansias devoro.

Tu dulce canto, bella melodía
aprisiona suspiros en los labios
y en sus arpegios siempre están los sabios
consejos que evidencian tu hidalguía.

Hoy aquí, reclinado en tu almohada,
recojo los despojos de tu dueño,
abriendo la prisión donde abismada,

dejaste un día en amoroso sueño,
aromas y suspiros de alborada,
viejos recuerdos con sonido isleño.

Quiero (Alejandrino)

Quiero ser almohada / para aspirar tu esencia
y en noches estrelladas / estar junto a tu lado,
ansiando tus suspiros, / sintiéndome arrullado,
gozando placentero / de tu bella presencia.

Quisiera que tus mares / mecieran mi barcaza
y me llevaran lejos / distante de la gente,
y estar así contigo / solo y alegremente,
en una de esas playas, / donde el cuerpo se abraza

disfrutando en la arena / bellos amaneceres
y perdido en los cantos / que brindan las gaviotas
sintiendo en las alturas / que vuelo como ellas

y que estoy en lo alto / muy junto a las estrellas
abrazado contigo / gozando de las gotas,
con las que el cielo riega / sus preciados quereres.

Ese hueco

Ese hueco que has hecho en el vacío,
es el abismo en donde va tu pena
derramando al interior de un alma buena
inmensas gotas que se vuelven río.

Es un caudal que se tornó torrente
arrasando a su paso las distancias,
él atropella fugaz tus disonancias
que de tu soledad son propia fuente.

Busca ese cuerpo que juntar tú quieres,
cúbrelo con amor bajo tu manta,
mira como el deseo lo agiganta,
convirtiéndolo en eso que tú eres.

Pasiones

Viajando más allá de tu cintura,
pude explorar tus lindos farallones,
acampar en tu oasis de pasiones
y beber complacido en tu abertura.

Navegué en esa mar embravecida
y al bañarme en suspiros y gemidos,
en ellos me fundí hasta tus latidos,
origen de tu fuente estremecida.

Disfruté de tus labios verticales,
volviéndolos mi gruta de alborozo,
mundano fruto donde tu pecado

me mantiene animoso y agitado,
por la dicha, placer y tanto gozo
que me das con tus bellos genitales.

Tango para olvidar la pena

Tango escrito sobre un papel ajado
que recuerdas momentos de amargura,
instantes que pasaron con locura
sabiendo que no estabas a mi lado.

Bailando tu canción acompañado
del trago de alcohol que todo cura
quise aislarme de la inmensa tortura
de ver que sólo estaba abandonado.

Mi distracción llegó con las mujeres
que dulces ofrecían sus quereres,
triste ilusión para un instante amargo

en medio de las luces cantineras,
donde el baile y absurdas borracheras
hacían el dolor mucho más largo.

Solo curvas

Viajando más allá de tu cintura
quiero explorar tus lindos farallones
acampar en tu oasis de pasiones
y enterita beberme tu figura.

Cabalgar por tu pampa enardecida
buscando el corazón de tus gemidos,
meterme en él y despertar sentidos
para gozar la fuente estremecida.

Disfrutar de tus labios verticales
volviéndolos la gruta de alborozo
el fruto que alimenta mi pecado

y donde mi razón ha revolcado
de todo tu ser tan solo un trozo
el mismo de tus curvas corporales.

Sirenas

Ese Te amo que resuena
en el más profundo de los
pensamientos,
es el fruto
que se arranca con furor,
desde el mundo de los sueños
al árbol del amor,
que solitario crece
en el desierto del ardor
y la pasión.

Es el grito que cantan
las sirenas
cuando en las tranquilas aguas
llaman a nuestras ausencias
para que llenen
el lugar de su emoción.

Buscando sensaciones

Deambulando buscando sensaciones,
podremos explorar mundos distantes
en donde tropecemos por instantes,
con un derroche grande de emociones,

que explotan   cual volcanes o canteras
y llevan nuestro cuerpo al paroxismo,
nos inundan con todo su erotismo
dejando sensaciones placenteras.

Seguro que hallaremos complacencia
en momentos sensuales y atrevidos
en donde sentiremos conmovidos
que toda soledad lanza su ausencia.

Despertar

En cada despertar miro a mi lado,
y me solazo al verte allí presente,
saberte mía y por demás consciente
de que estoy a tu vida vinculado.

Me siento gratamente enamorado
y tu imagen refuerza el subconsciente,
que se aviva al sentirme libremente
unido a ti y por la pasión atado.

Al ver la placidez que hay en tu cara
y la forma sensual de tu cabello,
siento en mi corazón un atropello

que hace que en mis arterias explotara
ese volcán de fuego, mi deseo
que para no despertarlo fantaseo

Inspiración

Si vibras con un beso apasionada,
es porque tienes fibra de poeta,
y cada verso tuyo, cual saeta
llegará hasta una mente enamorada.

Tu lira de pasión acompasada,
con sus cantos alegran la mañana
y tu agitada copla, cual campana
redobla al anunciarse la alborada.

Cuando las almas tiemblan, todo agitan,
y empiezan los latidos fulminantes
que haciendo palpitar a los amantes
pletóricos de ardor las ansias quitan.

Que bello es un latir en los poemas,
y en unos versos alcanzar el Cielo,
y también es bueno encontrar anhelo
en unas letras que derriten hielo.

Desafío

Yo sé que en tu interior hay mil deseos,
hay muchas ganas de sentir mi cuerpo,
lo pude ver en esta madrugada
cuando tu cálida tez se estremecía.
Pude sentir las ganas que tenías
al ver que tu pecho florecía
ante el calor vibrante de mis labios
y el trémulo rozar de mis mejillas.
Ví que tu "forja donde se fragua la vida"
ardía en deseos, en ansias de tenerme,
y que tu pecho henchido de amor
a toda costa, quería poseerme.
Pero más que tu ardor, que tus deseos,
se sobrepuso en ti la fantasía
y tu mente fugaz, tus desafíos,
lograron contener tu loco apremio.
Quisiste vacilar, darme tu carne,
olvidar tu rencor y tus recelos,
pero más que el amor y que el deseo
dominó en ti la ganas de castigo.
Tus pensamientos superaron todo,
tus ingratos recuerdos me mataron,
y tu vibrante cuerpo en un instante
sofocó tu pasión, tu ansia de amarme.

Visión Angelical

Hoy te volví a ver desnuda como ayer,
como hace tiempo, como antaño,
como siempre te había visto,
en toda tu plenitud, mujer.

Quise cabalgar por ese cuerpo
como en mis viejos tiempos galopaba
en áureo corcel a quien domaba
hasta el amanecer.

Más fue fugaz esa visión angélica
que me retrajo al pasado, a los recuerdos
al viejo proceder.

A los instantes en que disfrutaba
con toda mi alma, con loco desvarío,
con inmensa ternura y gran pasión
el fruto de tus besos, aroma de tus labios
caricia de tus manos, dulzura de tu boca
de tu forma de ser.

Quiero

Quiero que aparezcas, mujer!!!
Quiero que vuelvas a ser
la de otro día.
Quiero que seas la misma
que hace un tiempo
me daba su calor, su fantasía.
Quiero tener una dama
como aquella que otrora en el pasado
se entregaba a mí con amor, sin resquemores,
con impetuosa pasión, con ansias locas,
con ardiente deseo, sin temores,
sin miedo al fin al destino,
siempre confiando en todos sus valores.

Quiero que seas mujer,
la misma de antes, la que encendió en mi
la llama ardiente
de este candente amor
que lastimosamente
hoy se apaga.

Lujuria

En esta soledad que me atormenta,
en esta incertidumbre que me agobia,
siento correr en medio de mis venas
un voluptuoso amor que se desboca.

Ese tropel que invade toda mi alma
me lleva al arrebato, a la agonía,
al pináculo, al clímax, a la cumbre
del ardiente deseo que extasía.

Sus besos me recorren todo el cuerpo,
que vibra a plenitud con mil deseos.
Sus tersos senos erguidos florecen,
y su volcán en explosiones lanza efluvios..

Sensación de olvido, placidez de amor,
tan sólo recuerdos invaden mi mente,
conturbando mi alma con pena y dolor
porque ella no quiere... ya más mi pasión.

A dónde vas?

¿A dónde van palabras tan hermosas
formando esta amorosa poesía?
Tienen sabor a dulce melodía
y a amanecer con ella entre las rosas.

¿Irán a sentir manos calurosas
que se deslicen suave por la piel,
en los lugares con sabor a miel
que esperan aleteo de mariposas.?

A donde van los vocablos de estos versos
a llevar su mensaje hecho poema
y a mover muchas fibras con un tema

cargado de emoción, puntos diversos
que con su sensación causan ternura
pues tienen en sus genes galanura.

Tus ojos negros

Tus ojos negros amada
son para mi dos luceros
que iluminan mis senderos
dando luz a mi mirada

Ellos son abrevadero
en los que mi sed se calma
dando confianza a mi alma
para este amor verdadero

Son tus ojos un gran faro
que con su luz me encaminan,
sus parpadeos fascinan
y su terneza mi amparo.

Con esos ojazos bellos
mi corazón canta y trina,
toda mi mente alucina,
me apasionan tus destellos.

Adobo

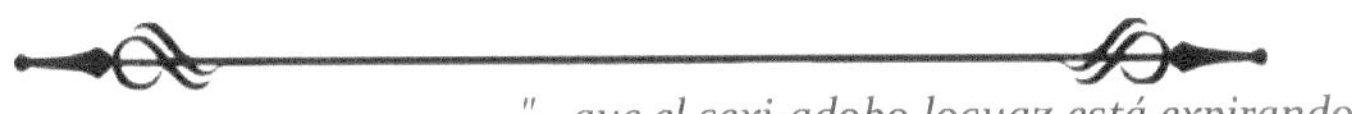

"...que el sexi-adobo locuaz está expirando..."
Ana Lucia Montoya Rendón (Colombia – Miami)

Para probar espaldas excitantes
y gustar con pasión una ensalada,
se requiere que ésta esté adobada
con una buena dosis de picantes.
Picantes son los besos mordisqueros,
o caricias que también llevan cosquillas,
pellizco que se da en las pantorrillas,
o suspiros quitando los ligueros.

También es excitante un buen masaje
que se dé con aceite mineral,
o un buen baño también muy especial
en jacuzzi de espuma y oleaje.
El cuerpo si quieres se adereza
poniendo a la pareja en un charol,
y con crema de fresa en aerosol,
se rocía de los pies a la cabeza.

Se limpia con la lengua y con la boca,
se deja reposar unos segundos,
y cuando oigas suspiros gemebundos,
sabrás que hay un corcel que se desboca.

Amor

Amor, que unes corazones,
y das brillo a las miradas ,
mueves muchas ilusiones
de gentes enamoradas.
Amor, con dulce sentido
que transforma la razón,
y llega muy enternecido
sembrando allí su pasión.

Amor, que cambias sentires
en maneras de vivir,
y haces volar los decires
a mundos sin descubrir.
Amor dulce, engalanado
que nos llenas de emoción,
con tu verbo acompasado,
nos das la veneración.

Amor, de canciones tristes
pero también muy alegres,
porque todo lo resistes,
y nunca ganas o pierdes.
Amor, con poder eterno
de encontrar las almas solas,
para unirlas en un tierno
cántico de barcarolas.

45

Amor, que aman los poetas
que de todo se enamoran,
lanzándole las saetas
que en tu carcaj se atesoran.

Amor presente

Siquiera hallaste a la mujer amada
que borra de tu historia los recuerdos
y vive como tú momentos cuerdos,
instantes de fulgor y llamarada.

Libraste una batalla encarnizada,
dejando tu pasado en la distancia,
muy lejos del amor y la arrogancia,
de un flaco amor que se quedó en la nada.

Hoy gozas placentero de un presente,
que deja que disfrutes las miradas,
de dos almas que están enamoradas

y sufren de dolor, cuando el ausente
mostrando celos, se presenta triste
o amado viendo que el amor existe.

Amor renaciente

Eres el gran fulgor que me deslumbra,
chispa que da la llama al sentimiento,
áureo brillo de singular momento,
última llamarada que me alumbra.

Sos caudal de pasión donde se encumbra
como fuente vital mi pensamiento,
canto sensual que silva como el viento,
grito de amor que se oye en la penumbra.

Siempre podré llegar a esos instantes
llenos de complacencias y armonías,
prueba de estar contigo repitiendo

épocas de emociones abundantes,
ratos de gran placer todos los días,
sueños, cual Ave Fénix...renaciendo.

Amor Sáfico

Te canto a ti mujer de media noche,
compañera de lunas y de estrellas,
la sensual , amorosa y la más bella,
que se entrega total y sin reproche
A quien le bebo el néctar de su boca
y sacio mi gran sed de desvarío,
la que en mi sangre se convierte en rio
y por mis venas cual corcel desboca.

La que siempre me lleva hasta la cima,
y cual Safo se nutre en mis volcanes
mientras gozo sus elipses sin afanes,
ella me arroba de placer en sus colinas.
A esa que bebe mi ánfora sagrada,
tremulosa degusta jugos míos,
la de intensos y grandes desvaríos ,
que me hace desfallecer anonadada

Excitada galopa por mis curvas
y me deja gozarla con delicia,
arrobarme en el cuerpo que acaricia,
y en mis miradas ver que se perturba.
Quien con sus redondeces enternece,
y me conduce a un gran clímax gigante,
mi amiga, compañera, buena amante,
cómplice que con sus manos me enloquece.

49

La que al fin de la noche y sudorosas,
extasiadas de amor apasionado,
dejamos nuestro cuerpo abandonado,
nuestras piernas temblando, muy ansiosas.

Tu no sabes amar

¿Qué sabes tú de amor
si jamás has amado
y tampoco tenido,
de placer o de gozo,
tu corazón henchido?

¿Si ningún alborozo
has experimentado,
al sentir agitada,
cómo sacian los besos?

Nunca te has embriagado,
cual toda enamorada,
con la febril caricia
que toca hasta los huesos,
te llena de delicia
dejándote extasiada.

Si palpitando, otro
corazón no has sentido,
y tu pecho, tampoco
se ha visto derretido
con el placer ansioso,
de labios tan sensuales
que a tus senos despierten

borrascosas pasiones
de grandes sensaciones,
tormentas torrenciales
de amor, tan voluptuoso,
que al cuerpo lo divierten.

Si tus morenos brazos
jamás quedaron presos
de cuerpos delirantes,
cubriéndote de abrazos,
suspiros incesantes
e inundada de besos.

Si no has gozado nunca
un deslizar de dedos
que delicados rozan
tus sedosos cabellos,
la tez de tu figura,
produciendo muy quedos,
sensaciones, que esbozan
en tus ojos destellos
y en tu entraña dulzura?

Si amor nunca has sentido,
no me sigas pidiendo
estar siempre a tu lado
ya no como tu amigo
eterno fiel testigo,
de lo que tu has frustrado.

Me quieres aferrado
a tu lado, fingiendo
imposibles amores,
viviendo tus temores,
tormentos y agonías,
tus locas fantasías,
momentos que no entiendo
sin verme enamorado.

Lo que tu pecho siente,
no es amor ni cariño
es lo que siente un niño,
con su juguete ausente.
Lo desea y extraña,
hasta cuando aparece
y en sus manos perece,
a golpes y con saña.

Por eso amiga mía,
es mejor que sigamos
viviendo como estamos,
sin ningún compromiso,
haciendo caso omiso,
a la pasión dormida
que será compañía,
para toda tu vida.

El amor es un canto
que brota desde el alma
y entrando por las venas

nos hace estremecer.
Es sentimiento puro
que lleva al pensamiento
a recordar sensuales
momentos de placer.
Es mirando las flores
y sintiendo su aroma,
como nos acordamos
de una bella mujer
y tu ya te olvidaste
que yo, si sé querer.

El amor no tiene límites

Acaso el amor fue hecho con barreras?
y quién le puso límite a los besos?
por qué creer que no caemos presos,
con el contonear de unas caderas?

Quién recortó el tiempo a los amantes
poniéndole al otoño una frontera?
Crees que el corazón en su cantera
se queda oyendo gritos suplicantes?

Por qué crees que en la edad nevada
el alma ha de quedarse congelada?
Acaso torrenciales de pasión

no inundarán jamás sienes de plata?
Crees que un palpitar no se delata
sintiendo en lo profundo una emoción?

Atrapado

Atrapado en tu pecho oí latidos
que cabalgaban en tropel fogoso
y hacían que mi cuerpo tembloroso,
escuchara gemidos complacidos.

Me sumergí en un mundo tan dichoso,
que no quería terminar el sueño
sino convertirme en total dueño
de ese amor pasajero y lujurioso.

Al galopar fronteras portentosas
aupé mi gran corcel de media noche,
y gozando contigo tu derroche

de sensaciones tan maravillosas
quise allí, dormido y extasiado,
morir en ese mundo deseado.

Beso

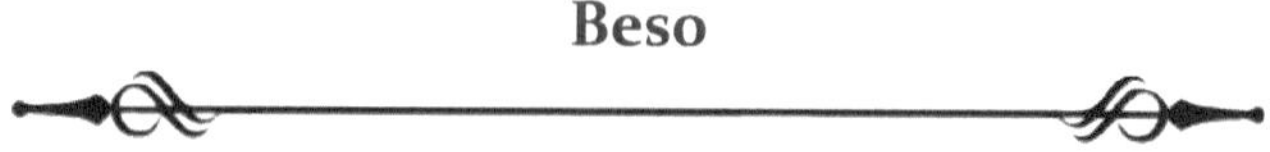

Beso que sabe a tormenta,
a placer de noche infiel,
el que me eriza la piel
y mi sangre la calienta.

Beso que no se lamenta
aunque huela a engaño cruel;
ese con sabor a miel
y mis pasiones aumenta.

Besar con amor es bueno
y mejor si es verdadero,
mucho más si es el primero

y si tiene desenfreno,
o también si lleva historia
bien guardada en la memoria

Beso (Alejandrino)

Ese beso de fuego / que ayer sacié en tu boca
también quedó esculpido / en mi torpe corazón,
creando un gran impacto / obnubilo mi razón
llenando de delirios / a un ser que se desboca.

Mi mente se transporta / al instante que evoca
y envuelto en desvaríos / mi cuerpo se estremece,
mientras que por mis venas / todo tu amor se crece,
en lo hondo de mi alma / tu imagen me provoca.

Hoy no puedo olvidar / aquel sensual instante
en que tu cuerpo inerme / me entregaba sus besos
y yo, sensible y tierno / con mi sed abundante

bebía en esa fuente / de tus labios traviesos,
saciando los deseos / de mi pasión amante
y gozando contigo / los más bellos excesos.

Beso

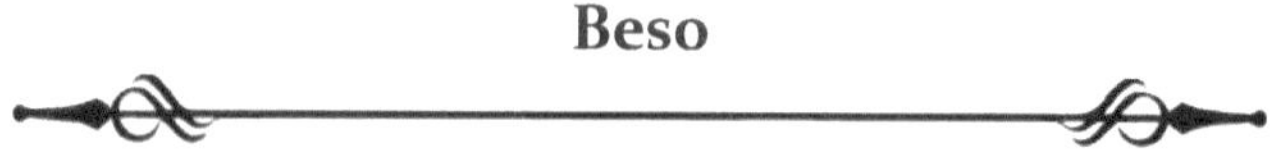

Un beso que con placer se evoca,
nos hace revivir mil sensaciones,
que llenan al cuerpo de emociones
olvidadas tan sólo en otra boca.

Ese beso con visos de añoranza,
con sabor melancólico a tristeza,
justifica en nosotros con certeza
que busquemos en otros semejanza.

Hay besos que merecen reencuentro,
pues reavivan fogosa simpatía,
que demuestra que fueron el sustento

de una pasión muy fuerte que sentía,
como vibraba hondo, bien adentro
un corazón que por amor latía.

Beso

Me levanté solitario aquella noche
y al encontrar que a mi lado ya no estabas
me acordé de los besos que me dabas
extrañándolos hoy con mi reproche.

Nunca pensé jamás que tu te irías
dejando en mi boca tus recuerdos,
pudiendo arreglar los desacuerdos
no hubieran muerto nuestras alegrías.

Pero saliste tranquila y sin tristeza
sin pena, sin nostalgia, sin quebranto
sin aflicciones, con odios y sin llanto,

hiciste que bajara mi cabeza
y perdiendo la fe, muerta la calma,
lloré al sentir que te llevabas mi alma.

Beso

Besos evocadores que vuelven con tristeza
a sentirse presentes aunque ya están lejanos,
en su momento fueron esos besos profanos
que a nuestra vida dieron sentido y fortaleza.

Ellos, los que impulsaron sentires y pasiones
y en cuya fuerza estaba protegido el amor,
fueron los que acabaron con celos y dolor,
y llenaron del todo nuestro ser de emociones

Fueron besos de fuego, de pasión y arrebato
con los que construimos castillos de alegría
y hoy después de los años, al acabarse el día

nos llenan de añoranza, tal vez recuerdo grato,
ahora incrementado, mirando tu retrato,
¿en dónde está tu boca, clamando por la mía?

Cálido suspiro

Mi cálido suspiro se estremece
cuando encuentra en el aire tu suspiro,
es el mismo que con pasión aspiro
y aquel que con cariño me adormece.

Ese soplo que por el aire vuela,
acelera en mi pecho una tormenta,
que en dulce serenata se presenta,
como sensual sonido de vihuela.

En los ocasos y en las alboradas,
paladearé bellas exhalaciones,
encontrándome allí tus sensaciones

que llegan hasta mi, acompañadas
de dulces cantos, bellas melodías
que tienen el sabor de sinfonías.

Caminando descalzo entre sábanas blancas

Caminando descalzo alguna noche
por las sábanas blancas de tu lecho,
desnuda te acercaste hasta mi pecho
y embriagaste mi cuerpo con derroche.

Abriendo con pasión tu lindo broche
nos vimos como fieras al acecho
gozando nuestras carnes con provecho,
unidos en abrazo de amelcoche.

Con el temor que todo se acabara
fundimos al igual que eterna cera
almas gemelas de atracción sincera

que hacían que de bocas emanara
el dulce dejo de un susurro suave
como brisa marina en una nave.

Candela

Óyeme negra candela,
gocémonos esta noche
sin miseria y con derroche
antes de apagar la vela.

Que todo sea alegría
música baile y encanto
y acompañemos el canto
con música y poesía.

Alcemos copas de vino
y brindemos con ternura
y olvidemos la amargura

que se cruza en el camino;
disfrutemos este instante
y adelante caminante.

Negra Candela

Ahí va la negra Candela
por calles cartageneras
moviendo hermosas caderas
por la antigua ciudadela.
Se oye el cántico africano,
el candombe y el currulao
y ella camina de lao,
y canta a lo colombiano.

Es una negra dichosa
muy alegre y muy jovial
con su bemba sin igual
reparte besos airosa.
Ella siempre es guapachosa,
parrandera y bebedora,
es mujer trasnochadora
y de hombres afectuosa.

Dijeron que iba a morir?
que equivocados estaban,
pues la Parca en su diván
con ella quiere vivir.
Con ella quiere gozar
y aprovecharla en la tierra
pues sabe que si la entierra
no podrá... almas cazar.

Caricia

Vieja caricia que retornas luego
de ausentarte furtiva de mi vida,
tras haber perdonado tu partida
vuelves plena de amor, llena de fuego.

A tu regreso acéptame este ruego
y sigue aquí a mi lado complacida
demuéstrate por siempre sumergida
en las llamas que con pasión entrego.

Los brazos que te envuelven y aprisionan
son los mismos que ayer tu derrotaste
y con furor, con odio rechazaste

pero a pesar de todo te perdonan
entregándote a ti solo dulzura,
cariño y muchas horas de ternura.

Celos

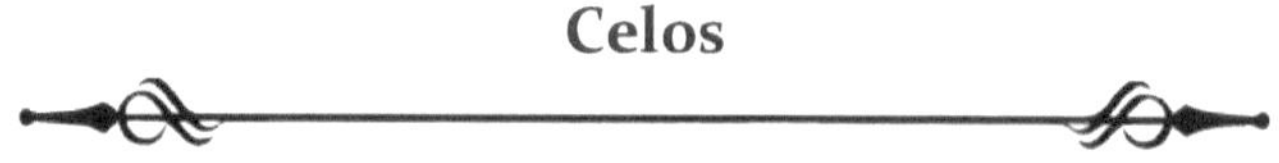

Relega la locura de los celos
porque solo nos causan agonía,
llenan mentes de mala fantasía,
forran el alma con malvados velos.

Son el motivo para los desvelos,
suplicio que consume la armonía,
alimento frugal de la ironía
donde sucumben todos los anhelos.

Dale fuerza al respeto y la confianza
y aviva con fervor a la esperanza
pero ante todo dale fortaleza

a la seguridad y a la terneza
que tornan relaciones amorosas
en uniones amenas y dichosas

Semillas

Hoy consumí semillas que en tu huerto
había yo sembrado con esmero,
me las llevé a la mesa y placentero
gocé como sediento en un desierto.

Me comí tus nocturnos musicales,
tus leves sensaciones y alegrías,
de mi pecho brotaron melodías
que sonaron igual que angelicales.

También bebí ambrosía de tu boca
y liquido perlático en tus senos
y disfruté momentos tan amenos

que extasiaron por siempre mi alma loca;
hoy quisiera volver a ese pasado
que tan feliz pasé estando a tu lado.

Complacencia

Cuando brillan tus ojos y exhalas un suspiro,
en el interior de mi alma aprisiono las penas,
para que solo circule, por entre mis venas,
un fluyente y pasional amor, cuando te miro.

Tengo guardadas para ti en ánfora sagrada,
esas bellas palabras que tanto me repites
y en las que con tanta sinceridad admites
que estarás amorosa y hacia mi consagrada.

Por eso estoy aquí gozando con tu presencia
y disfrutando noches con sensuales murmullos
que como mariposas se encierran en capullos

que luego se despliegan mostrando su belleza,
y tus palabras llegan con su frágil terneza
a pedir mantengamos, vivaz la complacencia

Si las va a besar

Si la vas a besar, cierra tus ojos,
abrázate con fuerza a su cintura,
arróbate en su boca con soltura,
disfruta de sus bellos labios rojos.

Al darle un beso olvida tus sonrojos,
entrega tu placer y tu ternura,
instantes donde no cabe censura
y fluye tu pasión con tus arrojos.

Besando con dulzor deja que emane
en todo tu interior el sentimiento,
sumérgete en profundo encantamiento,

permite al corazón que allí desgrane
instantes memorables de aventura,
y dosis de ese amor que aún perdura.

Cita

No te pierdas del camino
pues caerás a un abismo
o verás un espejismo
que no será tu destino.

Sigue la ruta correcta
y encontrarás al final,
que esa pasión sinigual
tendrá la horma perfecta.

Probablemente tu cita
no haya llegado a la hora
pero tu pasión la incita

con tu mano abrazadora
y seguramente invita
a una noche arrobadora.

Tus signos

Subiré a lo más alto de tus signos
queriendo cabalgar interjecciones,
montaré en la más grande de tus letras
para escribir en ti mis mil razones.

Me encerraré entre interrogaciones
a buscar el dilema de tus puntos
y cuando los dos estemos allí juntos
me alejaré de tus mases y tus menos.

Abrazaré con furor tus virgulillas
y rendido caeré en tu coma,
y sin pensarlo dejaré en mis signos
tu más sensual y seductor aroma.

Y lo tuyo

Y lo tuyo no podrá ser cicuta
que eternamente te envenena el alma,
ni fuente de amargura donde abreva
para siempre afanosa la nostalgia.

No hay cuerpo que resista tanta pena
ni herida abierta que no selle nunca,
el tiempo curará las cicatrices
y solo huellas dejará el olvido.

El ave que se cae de su nido
tarde o temprano encontrará una mano
que alzándola la lleve hasta su casa
donde el calor cobijará el hastío.

Resiste ahora cuando aún refulgen
en tus ojos tranquilos los deseos
y guarda silenciosa las tristezas
en un cofre sellado de recuerdos.

Oye noche...

Oye noche,
no te aburras conmigo,
no te canses con mi canto;
déjame estar contigo
y gozar de tu silencio.

Deja que explore tu mundo
de luceros y de estrellas,
que me hunda en la inmensidad
de tu agitado universo.

Buscar en tu infinidad,
el origen de tu calma;
la cuna donde nace ella
porque quiero recostarme en ese lecho
e impregnarme de sus efluvios.

Quiero que mi cuerpo absorba
irradiaciones de serenidad, paz,
tranquilidad, y que se haga resistente
a los feroces golpes... de la realidad.

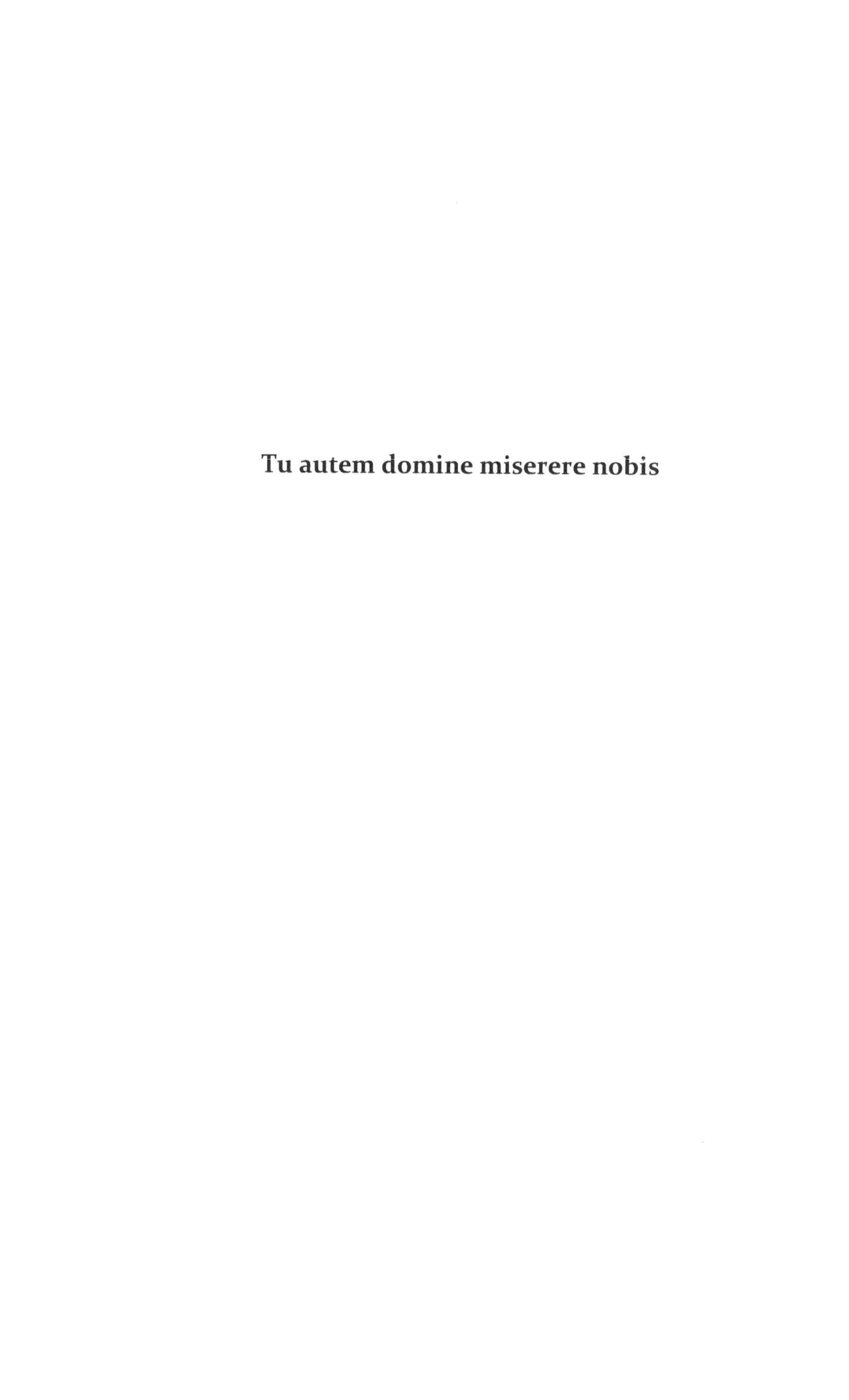

Tu autem domine miserere nobis

www.ingramcontent.com/pod-product-compliance
Lightning Source LLC
Chambersburg PA
CBHW051303160726
47994CB00003B/1289